COMPTE-RENDU

DU

BANQUET

OFFERT PAR LES

MEMBRES DU CONSEIL DE PRUD'HOMMES

DE L'ARRONDISSEMENT DE TOURS

A M. JOSEPH PALLIER

VICE-PRÉSIDENT DU CONSEIL

CHEVALIER DE LA LÉGION D'HONNEUR

(Décret du 7 juillet 1882).

2 SEPTEMBRE 1882

Conserver la couverture

TOURS
IMPRIMERIE ERNEST MAZEREAU
1882

COMPTE-RENDU

DU

BANQUET

OFFERT PAR LES

MEMBRES DU CONSEIL DE PRUD'HOMMES

DE L'ARRONDISSEMENT DE TOURS

A M. JOSEPH PALLIER

VICE-PRÉSIDENT DU CONSEIL

CHEVALIER DE LA LÉGION D'HONNEUR

(Décret du 7 juillet 1882).

2 SEPTEMBRE 1882

TOURS
IMPRIMERIE ERNEST MAZEREAU
1882

COMPTE-RENDU

Un décret, en date du 7 juillet dernier, nommait chevalier de la Légion d'honneur M. Pallier, Vice-Président du Conseil de Prud'hommes de l'arrondissement de Tours.

Le Grand Chancelier avait délégué, pour lui conférer les insignes, l'honorable M. Fey, ancien Président du Conseil de Prud'hommes, et chevalier de la Légion d'honneur.

A l'occasion de la remise des insignes, un banquet a été offert à M. Pallier par ses collègues ayant siégé et siégeant actuellement au Conseil.

Ce banquet a eu lieu le 2 septembre, à 7 heures du soir, dans la grande salle de l'*Hôtel de la Boule-d'Or*. Il était présidé par M. Ernest Mazereau, Président du Conseil, ayant à sa droite M. Chemallé, ancien Vice-Président, et à sa gauche M. Guillet, le plus âgé des anciens juges ouvriers. La place d'honneur, en face de M. le Président, était occupée par M. Fey, ancien Président, ayant à sa droite le nouveau légionnaire, M. Pallier, et à sa gauche M. Gasse, le plus âgé des anciens juges patrons.

Étaient présents :

LES MEMBRES DU CONSEIL :

MM. Ernest Mazereau, imprimeur, *Président ;*
     Joseph Pallier, ✻, *Vice-Président ;*
     Alexandre, menuisier, *Juge ;*
     Bougard, cordonnier,   id.
     Doury, menuisier,   id.
     Gratien, tailleur de pierres, id.
     Lelarge, serrurier,   id.
     Lépingle, carrossier,   id.
     Méribois, serrurier,   id.
     Pilon, faïencier,   id.
     Robert, tailleur,   id.
     Roze (L.), fab^t de soieries, id.
     Tessier, boulanger,   id.
     Varenne, typographe,   id.
     Vergne, tailleur,   id.
     Piton (Charles), *greffier ;*
     Millet, *huissier.*

(M. Autixier ✻, entrepreneur, juge, absent, s'est excusé).

LES ANCIENS MEMBRES DU CONSEIL :

MM. Eugène Fey, ✻, *Président;*
    Ad. Chemallé, ✻, *Vice-Président;*
    Biémont, *Juge;*
    Gasse,   id.
    Gaucher, id.
    Guillet, id.
    Lecat,   id.
    Samain, id.

(M. Boucher, ancien juge, retenu par une indisposition, s'est excusé).

Lorsque les convives eurent pris les places qui leur avaient été désignées, M. Fey, délégué de M. le Grand Chancelier, a attaché la croix d'honneur sur la poitrine de M. Pallier, et a prononcé l'allocution suivante :

        Monsieur le Président,
        Messieurs les Prud'hommes,
        Monsieur Pallier,

Soixante années de travail assidu et consciencieux, vingt-huit années passées dans le sein du Conseil de Prud'hommes, dont près de trois comme vice-président, quinze années de présidence de la Société de secours mutuels des ouvriers tisseurs : voilà, en peu de mots, votre vie, — vie si bien remplie, qu'elle ne pouvait rester dans l'oubli. Grâce aux démarches faites par l'honorable Président du Conseil, grâce à l'appui que vous a donné Monsieur le Préfet, le Président de la République vous a nommé chevalier de l'ordre de la Légion d'honneur.

A cette occasion, je vous ai adressé mes félicitations, je vous les adresse encore aujourd'hui de tout cœur, car vous êtes bien digne de cette haute distinction qui vous honore et qui honore encore la classe des travailleurs.

Je laisse à une voix plus autorisée que la mienne le soin de nous parler de votre vie de travail et de dévouement ; mais, avant de laisser la parole au digne Président du Conseil de Prud'hommes, permettez-moi de vous dire que j'ai été grandement flatté d'avoir été désigné par vous pour être votre parrain.

Mon cher Monsieur Pallier, conformément à la délégation qui m'a été adressée par le Grand Chancelier, je viens vous donner l'accolade en vous remettant les insignes de l'ordre, et, en vertu des pouvoirs que j'ai reçus, je vous fais Chevalier de la Légion d'honneur.

Monsieur Pallier, vous pouvez porter cette croix la tête haute, car elle est placée sur la poitrine d'un homme qui, par les services qu'ils a rendus, a bien mérité de ses concitoyens.

Les paroles de M. Fey ont été saluées par de vifs applaudissements.

Le dîner a été immédiatement servi, et, pendant tout le temps qu'ont duré ces fraternelles agapes, la plus grande cordialité n'a cessé de régner.

Les anciens juges étaient heureux de connaître ceux qui leur ont succédé, et les nouveaux étaient enchantés de se trouver en contact avec leurs honorables prédécesseurs.

Au dessert, M. Ernest Mazereau, Président du Conseil, a pris la parole, et s'est exprimé en ces termes :

Messieurs,
Mes chers collègues,

Il y a quelques mois, vous vous en souvenez peut-être, un vieux mécanicien des chemins de fer recevait, comme récompense de ses longs services, la décoration de la Légion d'honneur. Ses camarades, à l'occasion de la remise des insignes, firent ce que nous faisons aujourd'hui en l'honneur de notre doyen : ils lui offrirent un banquet. Mais ils eurent une inspiration fâcheuse ; c'est-à-dire qu'ils transformèrent en une manifestation politique une réunion qui, suivant moi, ne devait pas sortir des limites d'une franche et cordiale sympathie.

Ils convièrent donc à leur festin de grands personnages, de grands orateurs, qui parlèrent de tout, excepté des mérites de celui dont ils devaient faire l'éloge. L'un d'eux alla jusqu'à exalter, dans une intention malheureusement facile à comprendre, un fait qui s'était passé pendant la carrière du mécanicien. Il s'agissait du refus que fit le vieux Grisel — c'est le nom du brave homme dont je veux parler — de faire avancer le train qu'il conduisait au delà du point où, par prudence, il l'avait arrêté. Sa désobéissance, il faut le reconnaître, avait eu un résultat heureux : elle avait évité une grande catastrophe, et l'événement lui avait donné raison. Mais je trouve, malgré tout, qu'il était téméraire d'invoquer cette circonstance, — que l'on doit regarder comme providentielle, — pour élever l'insubordination à la hauteur d'un principe. Dans cette réunion, il y avait des hommes d'opinions diverses ; le discours fut dès lors commenté de diverses façons. On ne fut pas d'accord ; il s'en suivit de violentes discussions; on se disputa au dessert, et des coups furent échangés avant même qu'on eut servi le café.

Je vous demande pardon, Messieurs, de cette digression que vous trouverez probablement inopportune; mais si j'ai tenu à vous rappeler cette petite histoire, c'est bien moins pour vous rassurer sur l'issue de notre fête, que pour vous permettre de deviner les motifs pour lesquels nous avons tenu à lui donner simplement le caractère de la plus parfaite intimité.

Limitée aux seuls membres qui ont siégé et qui siègent actuellement au Conseil de Prud'hommes, la présente réunion est réellement et restera jusqu'au bout une véritable fête de famille; de telle sorte qu'après en avoir ensemble goûté les charmes, chacun de nous en conservera un agréable souvenir; elle nous rappellera que nous nous sommes réunis uniquement pour célébrer, dans la récompense accordée à un collègue que nous vénérons, le triomphe du dévouement au devoir professionnel et au bien public.

En effet, Messieurs, la Croix d'honneur, qui vient d'être placée sur la poitrine de notre Vice-Président, rappelle toute une vie de travail et de dévouement; elle est le couronnement d'une carrière bien remplie. Peu d'entre vous la connaissent. Eh bien! je vais être indiscret en déchirant devant lui et devant vous un voile que sa modestie eut voulu rendre impénétrable.

Joseph Pallier est fils de pauvres cultivateurs. Il est né le 1er juin 1809, à Névache, petite commune située dans les Hautes-Alpes. Dès l'âge de 13 ans il était orphelin, et restait ainsi sans ressources et sans appui, au moment où l'enfant en a le plus besoin. Il aimait le travail; le désir de gagner sa vie le décida à quitter le village, berceau de son enfance, où il n'avait pu trouver d'essor pour ses facultés et pour sa précoce intelligence. Il partit, à la grâce de Dieu, errant à l'aventure, vivant au jour le jour, et demandant à tous les échos du travail et du pain. Épuisé par la fatigue, accablé par l'incertitude, il s'arrêta un jour chez un gros fermier de la Bresse, auquel il s'offrit comme berger. Il savait lire et écrire. Le fermier hésita en voyant cet enfant frêle et de chétive apparence ; il consentit néanmoins à prendre le pauvre petit dans sa ferme, mais à la condition qu'il apprendrait à lire et à écrire à ses deux enfants. Le marché fut vite conclu, comme vous pouvez le penser. Au bout de quelque temps, l'instituteur improvisé, qui avait éprouvé si jeune les tortures de la misère, tomba malade. Il fut forcé d'interrompre le cours de ses intéressantes fonctions. Le fermier se lassa vite; il n'était pas d'humeur, en effet, à garder chez lui *une bouche inutile*. Il pria donc le pauvre enfant de se pourvoir d'un gîte, et il lui fallut aviser de nouveau et chercher ailleurs des moyens d'existence.

Joseph Pallier avait un frère plus âgé que lui, qui était ouvrier chapelier et travaillait à Lyon. Il lui écrivit, le cœur bien gros, en lui traçant le tableau de la triste position où il se trouvait. Ce frère, heureusement, était bon. Il accourut vite à la ferme, où Joseph était déjà en butte à la mauvaise humeur du fermier, pour lequel, comme le répétait tous les jours ce maître avare, il n'était plus qu'une charge sans profit. Il l'emmena à Lyon, et le mit chez un de ses amis où il apprit le métier de tisseur en soie.

Intelligent, laborieux, quelque peu instruit, Joseph Pallier devint bientôt un bon ouvrier ; il travailla ainsi, sous l'œil affectueux de son frère, jusqu'au tirage au sort de la classe de 1830, à laquelle il appartenait. Le sort en fit un soldat. Il partit et resta sept ans sous les drapeaux. Je n'ai pas besoin de vous dire, Messieurs, que Pallier servit avec honneur et fidélité. Il quitta l'armée, en 1837, avec les galons de caporal, qu'il était plus difficile d'obtenir dans ce temps-là que de nos jours. Il avait quatre ans d'Afrique et quatre campagnes lorsqu'il reçut son congé.

Revenu à Lyon, il y resta quelques années. Le travail

de la soierie étant venu à manquer, il vint à Tours, s'y arrêta peu de temps, et alla à Rouen où il espérait trouver un emploi plus lucratif. Ses espérances ne s'étant pas réalisées, il revint définitivement se fixer à Tours en 1844, et il y travailla dans la même manufacture jusqu'en 1874, — c'est-à-dire pendant *trente années* consécutives.

Je pourrais m'arrêter ici, Messieurs, car ce séjour de trente années dans la même usine, chez les mêmes patrons, constitue pour Pallier un titre qui suffirait à honorer la vie d'un homme; mais je vous ai promis de tout vous dire, je dois remplir ma promesse.

Depuis 1874, il travaille dans une autre fabrique de Tours, où, malgré ses 73 ans, il donne chaque jour l'exemple de la probité et de l'exactitude; il serait superflu d'ajouter qu'il y jouit de l'estime de ses patrons et de ses camarades.

Marié en 1847, Joseph Pallier est père de trois garçons, qui sont aujourd'hui des hommes, des ouvriers honnêtes et laborieux comme leur père.

Président actif et dévoué de la Société de secours mutuels des tisseurs en soie pendant plus de quinze ans, une médaille d'or lui a été décernée à titre de récompense. Toujours préoccupé de l'amélioration du sort de ses camarades, Pallier ne s'est jamais mêlé à la politique, parce qu'il pense, avec juste raison, que le travail seul peut conduire au bonheur l'homme honnête et laborieux. Il avait choisi son métier comme poste de combat, il y est resté fidèle, et c'est à cela, croyez-le bien, Messieurs, qu'il doit de recevoir de nous tous, sans exception, les hommages qui lui sont dûs à l'occasion de la récompense qui honore ses vieux jours.

Il est juge prud'homme depuis 1854. Pendant 28 ans, ses pairs lui ont sans cesse renouvelé un mandat dont il n'a jamais cessé d'être digne. Il y a bien lieu pour lui d'être fier de cette confiance persistante, quoi qu'elle lui ait imposé souvent de lourds sacrifices. En effet, Messieurs, c'est depuis le 1ᵉʳ janvier dernier seulement qu'une indemnité a été enfin accordée aux membres ouvriers du Conseil. Le temps consacré aux audiences, avant cette date toute récente, constituait pour lui comme pour tous nos collègues ouvriers, une perte au détriment des besoins de leurs familles ; malgré cela, j'ai entendu dire, par des personnes bien informées, que la famille de Pallier n'avait jamais eu à souffrir des pertes de temps occasionnées par l'exercice de son mandat. Que faisait-il lorsque l'audience avait pris une grande partie de sa journée. Il se remettait le soir au travail, réparant ainsi la perte du temps pendant lequel il avait siégé au Conseil.

J'ajouterai, Messieurs, que depuis la mise en vigueur de la loi du 7 février 1880, les juges, ses collègues, l'ont constamment élu Vice-Président à l'unanimité de leurs suffrages.

Avant de terminer, Messieurs, je dois vous dire que je suis heureux de vous voir tous unis pour proclamer avec moi que Joseph Pallier a bien mérité la haute distinction que nous avons sollicitée pour lui. Nous l'avons obtenue grâce à nos démarches réitérées, grâce aussi à la bienveillance de M. le Préfet d'Indre-et-Loire et à l'obligeance empressée de M. Guinot, sénateur, qui ont bien voulu les appuyer auprès de M. le Ministre dans les attributions duquel se trouvent les Conseils de Prud'hommes.

Placée sur son modeste habit d'ouvrier, la Croix d'honneur est déjà, pour les collègues et pour les camarades de Pallier, un objet de respect. Espérons, Messieurs, qu'elle sera aussi un exemple et un encouragement pour la classe si intéressante des travailleurs, parmi laquelle, malgré la perversité des temps, malgré la funeste propagande des idées fausses, on découvre encore de réels mérites, trop souvent relégués dans un oubli injuste et immérité.

Il me reste, avant de finir ce trop long discours, un devoir bien agréable à remplir, et je le remplis de tout cœur : Je remercie les anciens membres du Conseil, en mon nom et au nom de tous mes collègues, dont je suis heureux d'être l'interprète, d'avoir bien voulu prendre part à cette réunion, à laquelle leurs précédentes qualités de Président, de Vice-Président et de Juges, les rattachent par les liens d'une affectueuse confraternité.

Nous vous remercions, Messieurs et anciens collègues, d'être venus vous associer à cette fête de famille. Votre présence ici rappelle à vos successeurs que vous avez conservé toutes vos sympathies au Tribunal de paix dont vous fûtes jadis les chefs honorés et les auxiliaires respectés. Elle prouve encore que vous n'avez pas voulu rester indifférents à cette manifestation intime et si cordiale, dont nous avons voulu que le plaisir et l'honneur fussent partagés par tous les membres anciens et nouveaux de notre belle et paternelle institution.

Le discours de M. Mazereau a été accueilli par une double salve d'applaudissements qui n'ont été interrompus que pour entendre M. Pallier.

M. Pallier a dit :

Monsieur le Président,

Je vous remercie sincèrement de tout ce que vous avez fait pour moi.

Grâce à votre bonté et à vos nombreuses démarches, mon nom a été promptement inscrit sur le tableau de la Légion d'honneur.

Merci à vous, mes chers collègues, qui, par votre signature, avez appuyé et favorisé cette inscription.

Merci à vous, Monsieur Fey, qui avez bien voulu me servir de parrain.

C'est vous qui m'avez montré pendant longtemps le chemin que je devais suivre pour arriver à l'honneur et mériter l'estime de mes concitoyens.

Messieurs, mon grand âge et l'émotion qui me domine, m'empêchent de vous exprimer toute ma joie et toute la reconnaissance que j'éprouve vis-à-vis de vous tous.

Permettez-moi de porter un toast à notre cher Président, M. Mazereau, qui rend de si grands services au Conseil, et à notre ancien Président, M. Fey, à vous tous, mes chers collègues et amis, et à tous les tisseurs ferrandiniers de la ville de Tours ! (Bravos et applaudissements.)

La parole est donnée ensuite à M. Lecat, qui parle au nom des anciens Juges :

Messieurs,

Comme ancien prud'homme, bien qu'un des plus humbles parmi vous, et au nom des anciens juges conviés à cette fête de famille, qui ne me désapprouveront pas, permettez-moi de porter aussi un toast à notre excellent collègue et ami M. Pallier.

Mais je vous prie de ne pas vous effrayer; quoiqu'ayant ce petit papier à la main, je ne veux pas faire un discours, qui ne serait pas d'ailleurs en situation après ce que vous venez d'entendre. Je veux seulement exprimer quelques pensées que ma mémoire ne reproduirait peut-être pas assez fidèlement.

Lorsque nous avons appris la distinction dont notre vieux collègue a été l'objet, chacun de nous s'est dit spontanément : C'est bien, c'est juste ; voilà de la bonne politique et de la bonne administration.

Messieurs, au Conseil des prud'hommes on pratique largement les grands principes qui sont la base de notre droit public.

Quoi de plus libre que la discussion au sein du Conseil pour arriver à la découverte de la vérité et du droit dans les causes qui lui sont soumises ? N'est-ce pas aussi avec la plus parfaite égalité — et j'ajoute avec la plus grande courtoisie — que chaque juge prud'homme, sans distinction d'origine, ouvrier ou patron, émet son opinion et porte un jugement que vient presque toujours sanctionner le sentiment de fraternité qui se traduit par la conciliation ?

Nos ancien et nouveau Présidents sont ici pour en témoigner. C'est avec bonheur que nous voyons M. Fey, un vétéran aussi, et M. Chemallé, présents au banquet.

Personne mieux que notre estimé collègue, M. Pallier, avec sa vieille expérience des hommes et des choses, n'a mieux compris les principes d'équité et de justice conciliatrice qui doivent présider à l'appréciation des différends entre patrons et ouvriers. Avec sa claire intelligence, son jugement droit et son esprit pacifique, il savait, il sait toujours — comme on dit — trouver le joint pour un rapprochement.

Messieurs, là est peut-être — je veux dire dans une large organisation des Conseils de prud'hommes, de cette magistrature essentiellement populaire — la solution de ces grands problèmes sociaux qui agitent tant notre époque.

Je ne puis pas davantage m'étendre là-dessus.

Honneur donc à M. Pallier. Pendant que nous, les anciens, prenions plus ou moins volontairement la retraite, lui restait vaillamment et malgré les ans sur la brèche, pour continuer les bonnes traditions et les transmettre à nos successeurs. Il a la juste récompense de ses longs travaux, de son infatigable dévouement.

En buvant à sa santé, souhaitons-lui la longévité d'un patriarche. (Bravos et applaudissements.)

M. Bougard, l'un des plus jeunes juges du conseil et commissaire du banquet, a porté le toast suivant :

Monsieur le Président,
Messieurs,

Je croirais manquer à mon devoir, si, au nom de la classe ouvrière à laquelle j'appartiens et de la corporation que je représente, je n'adressais pas de vifs et sincères remerciements à notre Président, M. Mazereau.

Grâce à lui, les juges ouvriers reçoivent une subvention qui les indemnise du temps qu'ils consacrent à l'exercice de leurs fonctions.

C'est encore grâce à lui, nous devons le dire hautement, que brille sur la poitrine d'un des nôtres, d'un modeste ouvrier, la croix de la Légion d'honneur.

Cette croix, Messieurs, doit être pour la classe ouvrière tout entière un grand honneur.

Elle donne à tous la preuve que c'est le travail seul qui rend l'homme heureux, estimé et indépendant.

Honneur donc à M. Mazereau, qui a eu l'heureuse idée de faire récompenser M. Pallier, notre Vice-Président, pour les loyaux services qu'il a généreusement rendus à ses concitoyens, depuis 28 ans qu'il fait partie du Conseil des Prud'hommes !

Honneur aussi à M. Fey, son prédécesseur, honneur à vous tous, Messieurs, qui avez contribué à lui offrir ce banquet !

Des applaudissements réitérés ont accueilli le toast de M. Bougard. M. Mazereau s'est levé et a dit : « Qu'il était confus de tous ces éloges, et qu'il priait ses anciens et nouveaux collègues, de vouloir bien l'aider à les recevoir, car ce n'est pas à lui seul qu'ils doivent revenir; du reste, pour qu'il puisse convenablement les accepter, il lui faut des aides. En conséquence, il les supplie d'en prendre chacun une part égale à celle qu'il croit devoir réserver pour être agréable à ceux qui le traitent avec tant de sympathie et une si grande bienveillance. »

M. Louis Roze, juge, commissaire du banquet, remercie M. le Président d'avoir pris l'initiative de cette petite fête, qui rend si heureux tous ceux qui y prennent part, tous ceux enfin qui appartiennent, par le passé et par le présent, à la magistrature des Prud'hommes. Il fait le vœu que des réunions du genre de celle-ci aient lieu de temps à autre : elles auront pour but d'entretenir les relations confraternelles qui viennent de se nouer d'une manière si amicale et si intime.

M. Robert, juge, insiste sur le vœu que vient de formuler son honorable collègue, M. Louis Roze. Il ajoute que la loi de 1880 a, par sa mise en pratique, facilité les démarches qui ont abouti à la décoration de M. Pallier. Il remercie particulièrement le Président du Conseil, M. Mazereau, du dévouement qu'il met au service de ses fonctions, et il propose, pour terminer, un toast en l'honneur de l'ancien et du nouveau Président, de l'ancien et du nouveau Vice-Président, et des anciens et nouveaux Juges.

Chacun félicite M. Robert de son toast. M. Mazereau répond en proposant de boire à la santé de deux absents que chacun estime et affectionne : MM. Autixier et Boucher. Ce dernier toast est salué par les applaudissements répétés de tous les hôtes du banquet, qui s'est ainsi terminé à la grande satisfaction de tous.

La grande salle de l'*Hôtel de la Boule-d'Or* avait été arrangée avec un goût exquis.

Voici le *Menu du dîner* :

POTAGE A LA REINE
CANTALOUP
SAUMON SAUCE HOLLANDAISE
FILET DE BŒUF A LA PARISIENNE
POULARDE A LA MARÉCHALE
SORBETS AU KIRSCH

—

DINDONNEAUX TRUFFÉS
CAILLES, PERDREAUX
SALADE

—

FONDS D'ARTICHAUTS A LA CRÊME
HARICOTS VERTS A L'ANGLAISE

—

BOMBE GLACÉE
DESSERTS VARIÉS

—

VINS
BOURGUEIL, SAINT-EMILION, POMARD
CHAMPAGNE MOËT ET CHANDON
CAFÉ, LIQUEURS

—

Les convives du banquet ne se sont séparés qu'après avoir escorté jusqu'à leurs domiciles MM. les Président et Vice-Président du Conseil, qui ont été particulièrement flattés de ce nouveau témoignage d'affection.

L'INDEMNITÉ

Dans les discours prononcés au banquet offert à M. Pallier, il a été parlé de l'allocation faite par le Conseil municipal de Tours aux juges ouvriers, pour les indemniser du temps pendant lequel ils siègent au Conseil.

Voici la lettre qui a provoqué et motivé la délibération du Conseil municipal :

A MONSIEUR LE MAIRE,

Et à Messieurs les Membres du Conseil municipal de la Ville de Tours.

Messieurs,

Les membres du Conseil de Prud'hommes de la ville de Tours ont chargé leur Président de solliciter de l'Administration et du Conseil municipal une indemnité de présence pour tous les jours où ils siègent en service régulier.

L'assiduité aux audiences impose aux Juges des pertes de temps. Il y a parmi nous, Messieurs, des membres ouvriers pour lesquels la privation du salaire d'une demi-journée constitue au bout de la semaine un déficit, une gêne, dont souffre la famille.

L'article 30 de la Loi du 18 mars 1808 prescrivait la gratuité des fonctions de Juge prud'homme. Les Pouvoirs publics ont pensé qu'il y avait là une injustice, et ils l'ont réparée en inscrivant spécialement l'abrogation de cet article 30 dans la Loi du 7 février 1880 (art. 6).

Le droit d'allouer des indemnités aux Juges prud'hommes a toujours été facultatif pour les Conseils municipaux. Si beaucoup d'entre eux n'ont pas usé de ce droit, c'est que l'article 30 de la Loi de 1808 semblait y mettre obstacle. Aujourd'hui, Messieurs, l'obstacle a disparu ; vous êtes souverains en la matière, et j'ose espérer que vous userez de cette souveraineté dans la mesure qui vous paraîtra raisonnable.

Je me suis renseigné auprès de quelques-uns de mes collègues sur ce qui avait lieu à cet égard dans leurs villes. MM. les Présidents de Lyon, de Saint-Etienne, de Limoges, de Bordeaux, de Nantes, du Mans, m'ont répondu que les membres de leurs Conseils recevaient des allocations du budget municipal. Vous pourrez, Messieurs, consulter les lettres très intéressantes qu'ils ont bien voulu m'écrire en réponse à la question que je m'étais permis de leur adresser; ces lettres sont entre les mains de Monsieur le Maire, qui voudra bien vous les communiquer.

Vous pourrez choisir, entre les divers systèmes adoptés par les municipalités des villes ci-dessus indiquées, celui que vous trouverez en harmonie avec les intérêts de la ville de Tours et l'importance de son Conseil de Prud'hommes; et, pour vous donner immédiatement le moyen d'apprécier les services que rend cette juridiction éminemment populaire, il me suffira de vous dire que la moyenne des affaires soumises annuellement à ses délibérations dépasse *huit cents*, sur lesquelles 90 % au moins sont conciliées.

Pour arriver à un aussi heureux résultat, je n'ai pas besoin, Messieurs, de faire ressortir à vos yeux ce qu'il faut de capacité, de sagesse et de patience à mes dignes et honorables collègues. Nous luttons, j'oserai dire jusqu'à épuisement, pour obtenir la conciliation des intérêts et le rapprochement des justiciables.

Mais l'Administration et le Conseil municipal comprendront que pour assurer à nos jugements et à nos décisions le respect et l'autorité qui leur sont indispensables, il importe que le nombre et la qualité des juges soient toujours exactement représentés à nos audiences, comme la loi d'ailleurs et les règlements le prescrivent.

Ainsi, le bureau général doit être composé de deux juges patrons et deux juges ouvriers; il est présidé par le Président, ou, en cas d'absence, par le Vice-Président. Le bureau particulier est composé d'un juge patron et d'un juge ouvrier; il est présidé alternativement par l'un et par l'autre.

Le tableau de roulement du service est exactement établi d'après les prescriptions de la loi; mais précisément à cause de la gratuité des fonctions, des absences se produisent fréquemment, et lorsque des membres viennent à manquer aux audiences, le service de la justice est entravé, et, encore que le Président détienne du Conseil le droit d'appliquer le règlement, il lui est impossible d'user de rigueur vis-à-vis de collègues dont les services et le dévouement lui sont connus. S'il l'appliquait, l'autorité supérieure serait sans cesse obligée de faire procéder à des élections pour le remplacement des membres déchus; par ce fait même, le Conseil se verrait envahi à chaque instant par de nouvelles recrues, et privé dès lors de ses meilleurs auxiliaires, hommes d'expérience, rompus aux affaires et rendant d'importants services à cette juridiction populaire, qui est la sauvegarde de nos industries et la protectrice naturelle des droits des travailleurs à tous les degrés.

Les juges patrons, Messieurs, ne réclament aucune indemnité, j'ai hâte de vous le dire; mais les juges ouvriers, par un sentiment de délicatesse qui les honore, ont insisté pour que la mesure soit généralisée; attendu, disent-ils, que si la rétribution n'était pas accordée aux patrons, il n'y aurait plus pour les juges ouvriers égalité de situation, et ils craindraient dès lors que cette inégalité puisse faire soupçonner leur indépendance.

L'Administration et le Conseil municipal apprécieront ce scrupule qui émane d'un sentiment respectable.

C'est avec confiance, Messieurs, que je soumets à votre sollicitude cette demande qui puise sa raison d'être dans l'intérêt supérieur de la bonne et prompte expédition des affaires.

Le sacrifice qui vous est demandé ne grèvera le budget de la cité que dans une proportion infime.

Ainsi, le Conseil se compose de seize juges : huit patrons et huit ouvriers. Il tient deux audiences par semaine: le mercredi, *bureau général*, 5 membres ; le samedi, *bureau particulier*, 2 membres. Soit 7 juges de service par semaine. Or, pour 52 semaines, 7 présences par semaine donnent 364 présences.

Donc, en supposant que des jetons de présence soient créés et attribués à tous les juges, indistinctement, et que chaque jeton représente le prix d'une demi-journée de travail, environ 3 fr. 50 : $3,50 \times 364 = 1,274$ francs.

J'ai voulu, Messieurs, par ces chiffres, vous fournir le moyen d'apprécier de suite le peu d'importance du crédit que vous auriez à inscrire au budget de la ville s'il entrait dans votre désir — ce dont il est difficile de douter — de donner au Conseil de Prud'hommes de Tours la modeste et légitime satisfaction qu'il est en droit d'espérer de vos sentiments justes et équitables.

Veuillez recevoir, Messieurs, mes civilités les plus respectueuses.

Le Président du Conseil de Prud'hommes de Tours,
E. MAZEREAU.

Tours, le 26 septembre 1881.

Le Conseil municipal a été appelé à délibérer sur cette lettre, et le résultat de sa délibération a été annoncé à M. le Président dans la lettre suivante :

Tours, le 22 novembre 1881.

A Monsieur le Président du Conseil de Prud'hommes.

Monsieur le Président,

J'ai l'honneur de vous informer que le Conseil municipal, dans sa séance du 15 de ce mois, a voté, sur l'exercice 1882, un crédit de 546 francs, représentant une indemnité de 3 francs accordée à MM. les Prud'hommes ouvriers, pour chacune des 182 présences auxquelles les assujettit annuellement le service régulier du Conseil.

Je vous prie de vouloir bien porter cette décision à la connaissance de vos collègues.

Veuillez agréer, Monsieur le Président, l'assurance de ma considération la plus distinguée.

Le Maire,
POIRIER, adjoint.

M. le Président, dans son accusé de réception, a prié M. le Maire d'agréer et de vouloir bien présenter au Conseil municipal les sentiments de reconnaissance de tous les membres du Conseil de Prud'hommes de l'arrondissement de Tours.

Tours. — Imprimerie E. Mazereau

www.ingramcontent.com/pod-product-compliance
Lightning Source LLC
Chambersburg PA
CBHW062005070426
42451CB00012BA/2691